# 고향

주치명 시집

# 고향

464 · 문학공간시선

한강

### 시인의 말

시집 제목인 고향은
옛 고故에 시골 향鄕이다.
조상 대대로 살아온 곳
내가 태어나 자란 곳
내 마음속 깊이 간직한 그립고 정든 곳이다.
따스하고 포근한 우리 어머니의 품 같다.
하루에도 몇 번씩 마냥 생각나고 떠오르는
내 눈 감아도 차마 못 잊을
하아얀 파도 밀리는 그 번번한 갯벌처럼
나날이 저무는 해도 정겨워서
가고픈 아득한 고향 산해여
다달이 기우는 달도 그리워서
보고픈 아련한 얼굴들이여.

이번 그리운 고향 시집을 펴면서 보다 더 나은 삶을 살아야겠다는, 더더욱 좋은 시를 써야겠다는 다짐을 해 봅니다.

　항상 응원해 주신 사랑하는 우리 가족, 친지, 독자 여러분들께 심심한 감사를 드립니다.
　시집 발간에 도움을 주신 한강출판사 관계자 여러분들께도 진심으로 감사를 드리며 아울러 시작 활동에 도움을 주신 분께도 고마움을 전합니다. 늘 성원해 주신 우리 애독자 여러분들의 건성과 권투를 빕니다.
　대단히 감사합니다.

2023년 11월에<br>연당 주치명

주치명 시집 　　　　　　　　　　　　　　**고향**

**차 례**

□ 시인의 말

## 제1부 고향길

고향 —— 13
고향길 —— 14
가슬 극장에서 —— 15
가마솥 —— 16
강냉이 —— 17
구실 따묵기 —— 18
눈부신 율포 앞바다 노을빛 —— 19
도리깨질 —— 20
성양간 —— 21
소풀 먹이기 —— 22
수국화 —— 23
쌀 한 말 —— 24
쑥 —— 25
아름다운 거제도의 꽃 동백 —— 26
연날리기 —— 27
작은 방패연 —— 28
주렁박 —— 29

**고향** 주치명 시집

30 ─── 지게
31 ─── 팽이치기

## 제2부 마음 한곳에

35 ─── 내꽃
36 ─── 예쁜 꽃
37 ─── 관심
38 ─── 그대여
39 ─── 그리운 얼굴
40 ─── 단 사랑
41 ─── 부부
42 ─── 마음 한곳에
43 ─── 사랑꽃
44 ─── 사랑의 미학
45 ─── 사랑의 손길
46 ─── 사랑의 향기
47 ─── 상사화
48 ─── 천리향
49 ─── 하얀 돛대

주치명 시집 　　　　　　　　　　　고향

## 제3부 그 풀꽃

가랑잎 —— 53
강아지풀 —— 54
그 풀꽃 —— 55
그리운 들꽃들 —— 56
단풍잎 —— 57
동백 꽃망울 —— 58
모란 —— 59
목단화 —— 60
연한 풀꽃 —— 61
작은 풀꽃 —— 62
다듬이 —— 63
도구통 —— 64
맷돌 —— 65
방앗공이 —— 66
소똥 —— 67
통대 —— 68
엽무 —— 69
눈물샘 —— 70

**고향** 주치명 시집

**차 례**

## 제4부 청천

73 ──── 예쁜 고양이들
74 ──── 남새밭
75 ──── 개화
76 ──── 그 단비
77 ──── 때기치기
78 ──── 물난리
79 ──── 고개 숙인 벼
80 ──── 벼타작
81 ──── 보리타작
82 ──── 소나기
83 ──── 장맛비
84 ──── 첫눈
85 ──── 청천
86 ──── 꾸는 꿈
87 ──── 꿈
88 ──── 파도치는 바다
89 ──── 샘물
90 ──── 봄 잎

주치명 시집  고향

차 례

## 제5부 꽃길

되돌림 —— 93
익은 배 —— 94
지지배배 —— 95
해 그림자 —— 96
회한 —— 97
꽃길 —— 98
나의 동백꽃 —— 99
동그라미 ——100
세월 ——101
약산 ——102
옛것이 낫다 ——103
정심 ——104
천년 보약 ——105
땅따먹기 ——106
불난리 ——107
우리 태극기 ——108
자유 ——109
전쟁 ——110

# 고향길

**제1부**

# 고향

그리운 어머니의 품이다
따스한 정에
훈훈한 온돌방 같고
포근한 사랑에
아늑한 토담 초가집 같은
그리운 어머니의 품이다
그 번번한 갯벌에
하아얀 파도 밀리는

―월간《문학공간》신인문학상 당선작

## 고향길

물동이 이고 걷던 어머니의 들길 따라
목메인 들꽃들이 핍니다
땔나무 지게 지고 걷던 아버지의 산길 따라
가슴 조인 산꽃들이 집니다

## 가슬 극장에서


 향토 문화와 영화 예술을 사랑하시는 율포민 여러분
 오늘도 새마을 사업에 얼마나 노고가 많으십니까
 여기는 서울 화성영화사 오늘 프로 잠깐 안내 말씀 드리겠습니다
 오늘 프로는 손수건 두 장 없이는 도저히 관람할 수 없는
 눈물의 영화, 눈물의 대서사시
 엄마 없는 하늘 아래, 엄마 없는 하늘 아래를 가지고
 여러분을 모시겠사오니
 멀리멀리 오시는 분들께서는 한걸음 바삐 오셔서
 영화를 관람해 주시면 대단히 감사하겠습니다
 그러면 곧 뉴스와 아울러 본 영화를 상영하겠습니다

## 가마솥

토담 굴뚝에서
푸서리 연기가 난다
부뚜막 정지에서
구수한 보리쌀 밥 냄새가 난다
숭늉 누룽지를 딸딸 긁어먹던
그 배고픈 시절에

# 강냉이

인자하신 우리 아버지께서
야물게 엮은 밀짚 자리에
자상하신 우리 어머니께서
맛있게 삶은 강냉이를
이웃사람들과 나누며
오손도손 모여앉아 재밌는 얘기꽃을 피우며
그 알알이 내려와 박힌 노란 잔별들과 함께
하모니카를 불 듯이 까먹었지요
그리운 율포 그 정든 벅시골 갯길에서

## 구실 따묵기

아리랑 무늬가 새겨진 구실*을 다 따무야 끝날까
바지 양 호주머니 구실을 다 털어야 끝날까
중천 해가 넘어가는데도
영영 끝날 기미가 보이지 않는다
호호 입김을 예쁜 구실에다 불며
다들 또 튕긴다
흙마당 위에 그려진 삼각 구실집으로

※구실: 구슬의 방언

## 눈부신 율포 앞바다 노을빛


눈부신 율포 앞바다의 노을빛은
애타는 불짝대기 끝에 붙은 불꽃일까
주황빛 능소화처럼
주홍빛 동백꽃처럼
아름다워라
그 어머니의 삶이

―월간《문학공간》신인문학상 당선작

## 도리깨질

잘 익은 보릿대 콩대를 두드리지 않으시고
그 도리깨채로 땅을 치시고
그 도리깻장부로 왜 하늘을 휘둘렀습니까
일본 강제 징용에서
힘든 곡갱이로 땅굴을 파셨던
육이오 백마고지 전투에서
날아든 적의 포탄에 가슴과 양 허벅지를 잃었던
그 쓰라린 고통에
할 말 잃은 설움 때문이었습니까
젊음을 송두리째 바친 우리 아버지시여

# 성양간

뭉툭구가 된
낫 호미 괭이를
채우는 소리 땡강땡강
풀무 부는 소리 푸우 푸우
장작불 지피는 소리 화알화알
흐르는 구슬땀 눈물방울에
목이 메인다
철따라
벅시골 포구나무 그 미끄럼 바위 앞에서도 땡강땡
율포 마을 회관 앞 그 갯길가에서도
댕깡땡

## 소풀 먹이기

맹아 맹아!
우레 같은 목소리로 우리 조모가
마을 아이들과 축구하는 날 부르오
소풀 먹이러 가라고요
율포가 떠나가라고요
해 넘어간다고요
고래, 고래!

# 수국화

꽃의 어머니께서
애정 어린 눈길로 바라보시던
한 떨기 수국화 그 아기자기한 꽃이
붉은 자주 파란 꽃빛체로
그 초여름처럼
아름답습니다
어머니
꽃의 어머니시여
땅의 어머니께서
정성 어린 손길로
심어 주시던 한줄기 수국화
그 싱글벙글한 꽃이
정든 고향 기와집 담장 아래서
그 옛 추억처럼
향기롭습니다
어머니
땅의 어머니시여

# 쌀 한 말

큰대 열 대 담은 흰 광목 쌀자루를
솔나무 지게에 짊어지고
탑보 아래모실 혼삿집으로
낯설은 길을 나섰지요
인심 좋으신 우리 조모 따라
소싯적 그 보릿고개길을

# 쑥

아지랑이 핀 들뜬 마음으로
귀여운 내 누이동생과 함께
오동통한 쑥을
한 대바구니 캐오면은
기쁘신 우리 어머니 손맛으로
맛낸 쑥국 쑥떡을 해주었지요

# 아름다운 거제도의 꽃 동백

그 애련한 동백꽃은 아름다운 거제도의 꽃이다
붉은 열정처럼
나의 적동백꽃 사랑은 해 돋고
흰 순정처럼
나의 백동백꽃 그리움은 파도친다
아! 그 애련한 동백꽃은 아름다운 거제도의 꽃이다

# 연날리기

그 그리운 정든 율포
초가 논밭 노자산 봉우리 위로
뜬 매 학처럼
들 갯바람 따라
연 날리니
내 꿈의 얼레에서 줄줄이 풀려나간
누우런 문어연 하아얀 방패연이여
두리번
싸악싹

## 작은 방패연

우리 가운데 형님이 만들어 주신 작은 방패연에
검은 태극 모양과
검은 봉황새 꼬리 모양으로 그렸는데
그만 깜찍한 두 갈래 긴 머리 땋은
여자아이의 모습처럼 되어 버렸지요
그 귀여운 방패연을
내 작은 자새줄에 묶어
사대 포구나무 두 그루가 서 있는 벅시골 갯길로
막 뛰어다니며 함께 연을 띄웠지요
그리운 우리 가운데 형님이여

# 주렁박

흰박 보고
흰박 보고
싱그레한 달이다
흰박 보고
흰박 보고
벙그레한 해이다
그 정겨운 고향 초가지붕마다
말 많은 주렁 주렁박 사랑 이야기이다

※주렁박: 조롱박의 방언

# 지게

솜씨 좋으신 우리 큰형님께서
만들어 주신 조그마한 지게에다
소꼴도
짚 땔감도
논 밭 벼 보릿단도
거뜬히 지고 다녔지요
잔정 많으신 우리 큰형님이여

# 팽이치기

아직도
빙빙 돌고 있습니까
우리 작은형님이 만들어 주신
그 오방색 팽이는
부풀은 꿈을 꾸며
줄기차게
희망차게
빙글빙글 돌고 있습니까
울퉁불퉁한 정 어린 앞마당 위로
목끈 딸린 나무 팽이채를
내가
휘두르지 않아도

# 마음 한곳에

제2부

## 내꽃

내 곁에
오래오래 피는 꽃이
내 그리던 예쁜 사랑 꽃일까
내내 피는

## 예쁜 꽃

뒤숭숭한 마음에
예쁜 꽃은
저 멀리 두고 볼 참이다
먼 산처럼

# 관심

사랑의 대 마디마디마다
된소리 쓴소리 잔소리가 난다
정으로
나를 위함으로

## 그대여

바람결에
들릴 것만 같은 그대 목소리여
햇살결에
보일 것만 같은 그대 얼굴이여
그립고도
보고파라

# 그리운 얼굴

흐르는 강 물결 위에
이지러지는 달빛은
밀리는 바다 물결 위에
바스라지는 햇빛은
그 누구의 발자취인가
한도
끝도 없이
그리운 얼굴이여

# 단 사랑

두 눈이 마주쳐야
단 잎처럼
정이 들고
단감처럼
사랑이 익는다

# 부부

다정한 부부는
두 그루 큰 느티나무의 연리근처럼
일심동체라
믿음을 주는 것
신뢰를 주는 것
아껴 주는 것
감싸 주는 것
위안을 주는 것
희비를 나누는 것
정한을 나누는 것
사랑을 주고 받는 것이니라
오래 오래도록

※소방관 부부인 사랑하는 딸 주지은과 사위 황규태의 결혼을
 진심으로 축하하며(2023년 1월 7일)

## 마음 한곳에

나의 뜨거운 사랑을
받아 줄 세상은 없다
나날이 저무는 해처럼
다달이 기우는 달처럼
마음 한곳에
정 둘 곳 없는

　　　　　　　　　－월간《문학공간》 신인문학상 당선작

# 사랑꽃

사람의 삶은
초조한 사랑꽃이다
설레임 마음으로
그 누굴 기다리듯이
낮에도
밤에도
그립게 핀다

―월간《문학공간》신인문학상 당선작

# 사랑의 미학

만남에
아름다운 꽃은 피는데
붉은 해처럼
아쉬움의 꽃은 다시 지네
헤어짐에
아름다운 꽃은 지는데
밝은 달처럼
그리움의 꽃은 다시 피네

## 사랑의 손길

무어라
형언할 수 없는
그 따스한 사랑의 손길이여

## 사랑의 향기

끝없는 사랑의 꽃이 아름답고
한없는 사랑의 열매가 탐스럽다
그 올망졸망한 사랑의 향기로
무르익는
그 허전한 두 가슴이 조인다

# 상사화

잎이 그리운 꽃은 슬픈 눈짓으로 피고
꽃이 아쉬운 잎은 애달픈 손짓으로 지는데
대화* 앞뜰에
홍국* 뒤뜰에
그 이룰 수 없는 사랑의 연분홍빛 상사화여
그 가련하고도
그 애련한 작은 꽃 송송이마다
하염없는 이슬비에
불여귀처럼 울어라

※대화: 대화아파트
※홍국: 홍국사

## 천리향

천리 바람 따라
하아얀 꽃마음도
먼 산이
그리워
그리워서
훨
훨

# 하얀 돛대

저 푸른 바다 물결 위에
진실한 내 마음 실은 하얀 돛대를
술렁 일렁 띄워 볼까
울렁 출렁 띄워 볼까
그리운 님
사랑스러운 임에게로

# 그 풀꽃

### 제3부

## 가랑잎

바스락
바스락
뒹굴뒹굴다
목이 메였네

## 강아지풀

어린 마음에
갸우뚱거리는
귀여운 강아지풀이여

## 그 풀꽃

어여쁨은 눈 속에서
그리움은 마음속에서
그 사랑스런 니가 핀다

## 그리운 들꽃들

그 정겹던 고향처럼
그리운 풀꽃들이
말없이 피고 지네
도란도란
오손도손

# 단풍잎

눈엔
이쁨으로
맘엔
고움으로
곱게
곱게
물들었어요
저 붉은 노을처럼
나뭇가지에도
산기슭에도

## 동백 꽃망울

애정의 햇빛에
아리땁도록 핍니까
순정 달빛에
그립도록 핍니까
그 애련한 동백 꽃망울이여

# 모란

어김없이 돌아온
찬란한 봄에
여울지는 꿈속에서 본
그대 어여쁜 모습처럼
온 뜰에
만발하느냐

## 목단화

곱은 손에
여인의 뒤틀린 허리로
언 땅에
그 잔뿌리로
아리따운 목단화를
피워요

# 연한 풀꽃

그 연한 풀꽃이
뾰족한 가시나무 꽃이 되지 않을 것을
난들
어쩌리까

## 작은 풀꽃

너는 작은 풀꽃이다
이슬비보다 귀엽고
이슬방울보다 예쁜
나의 작은 사랑이다

# 다듬이

풀칠한 광목 삼베옷을
여문 다듬잇돌 위에 올려놓고
단단한 다듬이 방망이로
쌓인 한이라도 풀 듯이
거칠고 억센 울 할머니의 양손으로
마주 보며 똑딱 뚝딱 두들기네
삐걱삐걱거리는 청마루 위에서

# 도구통

시루 찐 찹쌀 넣은 도구통에
쿵더쿵 쿵더쿵 내 매를 치니
울 엄마 재빠른 손놀림으로
물친 찹쌀 뭉치를 비벼 주면
쿵더쿵 쿵더쿵 찰진 찰떡이 되네
맛있는 콩고물친

## 맷돌


묵직한 맷돌을
억척같은 우리 조모와 엄마의 손으로
쓱싹 돌리니
담백한 수수 콩물이 줄줄 흘러내리네
살아온 고난 역경 속의 피눈물처럼

## 방앗공이

알곡이 꽉 찬 벼이삭을
흙마당 자리한 돌도구통에 넣어
우리 어머니 방앗고를
하늘 높이 들어올려 내리치니
하얀 쌀이 조금씩 드러나네
누런 쌀겨를 털고

## 소똥

힘겨운 논밭갈이에
누는 소똥에서
풀내가 난다

# 통대

속은 텅텅 비었어도
겉은 꽉 차
푸르디푸르러라
마디마디 그 변함없는
우리의 기백 그 기상처럼

# 엽무

얼떨떨 추는 춤은 날춤일까
시린 나뭇잎들이 춤을 춘다
그 차디찬 바람결에

## 눈물샘

이젠
그칠 만도
마를 만도 한데
눈물샘에서
우물처럼
눈물이 흘러나온다
뜨겁게
뜨겁게

# 청천

제4부

## 예쁜 고양이들

따스한 손길로
자꾸 쓰다듬는다
뒹구는 귀여움에
포근한 눈길로
자꾸 바라본다
부비는 사랑스러움에

※10년째 함께하는 고양이 일편(수컷)과 단심(암컷)

## 남새밭

내딛는 발길마다
낙인이오
내쉬는 숨길마다
오점이다
그 푸석푸석한 남새밭
얼어붙은 배추 포기 같은
그 속은 달진 몰라도

# 개화

초조한 꽃봉오리
초롱 마음 설레것다
간절한 꽃봉오리
호롱 마음 열리것다

## 그 단비

속타는 가뭄의 끝은 그 언제쯤이오
비
그 단비 올 날은

# 때기치기

못 쓰는 책 공책으로 만든 얇은 때기는
잘 넘어가는데
쓰는 종이 상자로 만든 두꺼운 때기는
좀체 잘 넘어가지 않는다
사람의 뚝심처럼
위로 치고
옆으로 치고
팔이 몽기도록 쳐도

## 물난리

물난리에
젖은 풀섶 사이로
비통한 풀벌레 울음소리다
젖은 산숲 사이로
애통한 산새 울음 소리다

# 고개 숙인 벼

딸랑딸랑 빈 깡통 소리에
남루한 옷차림
낡은 밀짚모자를 눌러쓴
그 여윈 허수아비에게
따스한 눈길 한번 주었으면

## 벼타작

올해는 대풍년이다
와랑와랑 신나게 탈곡기 발판을 구른다
앞으로 떨어진 낟알은 덕석 위에 쌓여 가고
뒤로 던진 짚단은 흙마당 위에 쌓여 가는데
깜박깜박거리는 초롱 호롱등 불빛 사이로
지친 사람들의 모습이다
밤새도록
와랑와랑 흥겹게 탈곡기 발판을 구르다 보니까

## 보리타작

풍작이다
꺼끄러운 보리 까시래기에도
따가운 햇볕에도
겨우 살린 터빈기의 벨트가
탈곡기에서 자꾸 벗겨져도
싸릿대 빗자루로 금빛 보릿대를 쓸 때마다
드러나는 금싸라기 보리 알맹이를 보면
흐뭇해지는 농부의 마음이다

# 소나기

우레 같은 고함 소리에
하아얀 방패연이 젖어 운다
가엾은 사랑에

# 장맛비

하염없는 장맛비가
고달픈 삶의 땀처럼
애달픈 사랑의 눈물처럼
주룩
주루룩 흘러내리네
하늘 한도 없이
땅 끝도 없이

## 첫눈

하아얀 산토끼 떼가
만개한 꽃송이를 그리며
산비탈길을
조심조심 내려오네

# 청천

사람의 마음도
비 갠 뒤에
파아란 하늘처럼
티 없이 맑고
꾸밈없이 아름다웠으면

## 꾸는 꿈

선잠에서
꾸는 꿈은
마음의 허상
뇌의 오작동이다
천몽도
악몽도 없다
그저 얼핏 본 얼굴
먼산 풍광
홀로 안개 속을 걷는
꾸는 꿈은
마음의 허상
뇌의 오작동이다

# 꿈

꿈은
몸의 절규
그 몸부림이고
맘의 호소
그 맘 외침이다

# 파도치는 바다

파도치는 바다가 흥겨운 메구를 친다
외딴섬 돌틈에
투 동 퉁 북소리
노 돛배 뱃전에
쿵 떡 쿵 장구 소리
모래자갈 밭에
쾌 괭 쾡 꽹과리 소리
여 갯바위에
지잉찡 징 소리를 내면
날던 갈매기 떼도 우쭐우쭐 소고 어깨춤을 추고
지던 해무리도 술렁술렁 오방색 골모\*를 돌린다

※골모: 상모

# 샘물

잔잔한 모래알과 함께
불쑥
불쑥
솟구치는
그 알 수 없는 그리움들은
밀리는 밀물일까
쓸리는 썰물일까

※율포 벅시골 여시바구 아래 모래밭에 샘물이 나옴. 두 그루
　포구나무에서 약 150cm 정도.

## 봄 잎

따스한 봄볕에
나는 새처럼
그 외롭던 단감나무 가지에도
이는 바람처럼
그 그립던 담쟁이넝쿨에도
기다리던 봄 잎이 돋아납니다
파릇파릇하게

꽃길  제5부

# 되돌림

사각형을 접다 보니
삼각형이 되고
삼각형을 펴다 보니
사각형이 되네

## 익은 배

뜰에
익은 배가
바다에
뜬 배인가
갯바람에
일렁 출렁인다

# 지지배배


그 어디선가
무심한 산새 소리
지지배배
지지배배

## 해 그림자

그 한결같은 밝은 해의 마음으로
말없이 드리운 그림자여
갈라진 이 땅 위에
제 모습 그대로
꾸밈도
가식도 없구나

# 회한

내 회한의 짠 눈물은
정든 율포 앞바다 하아얀 물보라처럼
그리운 노자산을 휩싸고 돈다
아련 아련히

## 꽃길

지금 내가 가고 있는 이 길이
꽃길인지
가시밭길인지를
안 그때가
바로 꽃길로 가는 길목임을

## 나의 동백꽃

통도의 백동백은
나의 순수의 꽃이다
지심도의 적동백은
나의 애수의 꽃이다
거제도의 미동백은
나의 향수의 꽃이다

## 동그라미

삶을 둥글 뭉실하게 살라고
부딪는 파도도
부딪치는 갯바람도
밀리고
쓸리어
패인 손대 바윗돌마다
깎인 학동 몽돌마다
둥글 뭉실하다

# 세월

머물지 않는 해와 달이다
꽃 피고
열매 맺는
봄 여름 가을 겨울로
쉼없이 돌아가는 물레방아다
더 늦기 전에
그 못다 이룬 꿈을
향하여…

## 약산

바라보는 산이 너무 높으면
오르기도 전에 지친다
한숨
한 걸음에 오를 수 있는
약산을 올라라
성공은 그 낮은 산봉우리에도 있다

## 옛것이 낫다

보기는 투박하고
영 못 쓸 것 같아도
오래된 옛것이 낫다

# 정심

탁한 마음의 향은 짙고
맑은 마음의 향은 옅어
무향에 가깝지만
그 속은 향긋하다

—월간 《문학공간》 신인문학상 당선작

## 천년 보약


남의 말도
귀담아듣는 것도
천년 보약이다

# 땅따먹기

우리 땅 위에
해와 상·하현달을 마음대로 그려 놓고
나쁜 땅 좋은 땅 따먹기를 한다
반짝거리는 잔별 사금파리로
한 번 튕기고
두 번 튕기고
허기진 배가 부를 때까지

## 불난리

한순간에
울창 산림이 불탄다
불을 꺼야 할 사람들이 전쟁으로
불을 더 지피니
애가 탄다

## 우리 태극기

열린 하늘로
펄럭펄럭이는 우리 태극기 속에서
풍수지리에
백호 주작 청룡 현무가 이고 나니
슬기로운 우리 겨레
평화로운 우리나라
그 화려한 무궁화꽃 피는 금빛 봉일세

# 자유

초여름 녹색 바람이 분다
자유로운 우리 어버이의 무궁화는
휘날리는 우리 태극기처럼 핀다
붉은, 파란, 흰 꽃으로
이 하늘이

## 전쟁

슬픔에
비극이다
사막에
사풍이다
화산에
분화구다
태풍에
무인도다
불 꺼진 세상에
백골만이 뒹군다

# 고향

발행 ǀ 2023년 11월 29일
지은이 ǀ 주치명
펴낸이 ǀ 김명덕
펴낸곳 ǀ 한강출판사
홈페이지 ǀ www.mhspace.co.kr
등록 ǀ 1988년 1월 15일(제8-39호)
주소 ǀ 서울특별시 종로구 인사동11길 16, 303호(대형빌딩)
전화 02-735-4257, 734-4283  팩스 02-739-4285

값  11,000원

ISBN 978-89-5794-545-2 04810
     978-89-88440-00-1 (세트)

※ 저자와의 협약에 의해 인지는 생략합니다.
※ 이 책의 저작권은 저자와 본 출판사에 있습니다.
※ 이 책은 경남문화예술진흥원 문화예술 지원금을 보조받아 발간
   되었습니다.